너 화났구나? 난 더 화났다, 어흥!

너 화났구나? 난 더 화났다, 어흥!

발행일	2025년 10월 31일
지은이	윤세원(尹世源)
펴낸이	손형국
펴낸곳	(주)북랩

출판등록	2004. 12. 1(제2012-000051호)		
주소	서울특별시 금천구 가산디지털 1로 168, 우림라이온스밸리 B동 B111호, B113~115호		
홈페이지	www.book.co.kr		
전화번호	(02)2026-5777	팩스	(02)3159-9637
ISBN	979-11-7224-870-3 03810 (종이책)		979-11-7224-871-0 05810 (전자책)

잘못된 책은 구입한 곳에서 교환해드립니다.
이 책은 저작권법에 따라 보호받는 저작물이므로 무단 전재와 복제를 금합니다.
본 도서는 (주)북랩이 보유한 리코 인쇄 장비 등 자체 생산 인프라를 통해 제작되었습니다.

작가 연락처 문의 ▶ ask.book.co.kr
전용 게시판에 문의를 남기시면 저자에게 직접 전달됩니다.

(주)북랩 성공출판의 파트너
북랩 홈페이지와 SNS에서 다양한 출판 솔루션을 만나 보세요!

홈페이지 book.co.kr • **블로그** blog.naver.com/essaybook • **출판문의** text@book.co.kr
카톡채널 북랩

너 화났구나?
난 **더** 화났다,
어흥!

윤세원 시집

북랩

넋두리

에잇

100년도 못 살 것 같은 인생이

뭐 이리 힘드노?

서로 다른 환경에서 자란
서로 다른 성격이 만나,
가끔 부딪힐 때마다
그 소리가 내 마음속 징소리처럼
온몸에 울려 퍼졌다.

어릴 적 들었던
'니가 참아라'라는 말이
내 성격 속에 자리 잡은 걸까.
가슴속 백만 가지 말들은
목구멍을 벗어나지 못했다.

그때 어디에도 소리를 칠 곳이 없어서
나는 글로 마음을 풀었다.

다시 읽어보니,
또 다른 울림으로 되돌아온다.

마음의 흐름 따라,
잘 지낼 땐
"깔깔깔, 그랬지… 그랬었어" 하고 웃고,
싸우면
"우이씨, 이런 사람이야" 하며 화내고,
또 다른 죄목을 찾는다.

이 글을 읽는 나는
지금, 웃고 있을까?
화내고 있을까?
울고 있을까?

문득 생각한다.
만약 누군가 내게
"언제로 돌아가고 싶냐"는
선택의 기회를 준다면,
나는 지금부터
아프지 않고
가능한 한 오래 행복하게 살고 싶다고
답할 것이다.

혹시 내가 하고 싶은 말 다 하고,
하고 싶은 일을 다 하며 살았다면
암을 피할 수 있었을까 하는 생각도 해보지만,
현실은
암 진단과 전이가 된 지금도
크게 변하지 않았다.
가슴이 아파도
목구멍에 걸린 말들은
여전히 나오지 못한다.

다만 이제는
내 시간을 갖고 싶다는 욕망을
실천하려 하고,
내 목소리에 귀 기울이며,
내가 진정 원하는 것과
타협하며 살아가려고 노력한다.

다시 같은 시간이 주어진다 해도 큰 변화는 없을 것이라 생각한다.
그래서 나는 오늘의 선택.
아프지 않고 오래, 현명하게 살고 싶은 마음에
한 표를 더 던지고 싶다.

마지막으로,
아픈 날 곁에서 함께해준 모든 분께
고맙고,
그 마음에 감사의 뜻을 전하고 싶다.

차례

넋두리　　4

1부
투닥투닥, 화난 마음

싸움이 뭉   18

넌 말로 화를 내고, 난 몸으로 화를 낸다   19

이상한 눈   20

탓   21

니가 나니?   22

너만 입이니?   23

안 미안해   24

결과만 보고 얘기하지 마   25

목소리 크면 장땡?   26

컥!   27

지적질   28

쏼라쏼라   29

혼잣말   30

누구야?   31

독설   32

침묵   33

생채기	34
멍	35
신경전	36
얘기해줘?	37
나도 화났어	38
너 화났구나? 난 더 화났다, 어흥!	39
악몽	40
니 말을 들어?	41
가스라이팅	42
최후의 말	43
사실 이야기	44
무기수	45
반사	46
투덜 투덜 투덜이	47
화의 소환	48
어쨌더라 저쨌더라	49

2부
서로의 상처, 아픈 마음

구멍	52
마음에 박힌 말	53
너도 아프니?	54
뭔지도 모르는 바보	55
들어줄래?	56
불만이 많아	57
위로	58
토닥토닥	59
화병	60
시간이 갑	61
시간이 필요해	62
니 마음이 내 마음이야	63
의욕상실	64
미안하네	65
막말	66
쫌생이	67
기대	68

왜 화를 내지?	69
숨바꼭질	70
넌 좋겠다	71
선택의 이유	72
내가 한 수 위다	73
배고픈데	74
잘난 척	75
너란 적군	76
고문	77
미스터리	78
대단하다	79
아픈데	80
그런 거야?	81
고민 중	82
상처의 흔적	83
기억력 장애	84
미안해 한마디가	85

3부
조금씩 이해, 참는 마음

좀 컸니? 88

욱했네 89

왈왈왈… 컹컹컹… 90

그걸로 된 걸까? 91

찌찌뽕~ 92

반성 93

좋은 말 94

싫어? 싫어! 95

삐짐 96

후회 97

분노 98

좀 더 참지 99

복수 100

못된 건 빨리 배운다 101

빼기와 더하기 102

소소한 실수 103

궁금증 104

라디오니? 105
잘못 인정 106
대장~ 내려와! 107
자아 상실 108
너의 배려 109

4부
다시 웃기,
함께하는 마음

니 맘대로 다 해 112
니 맘 알지 113
같이 114
어떻게 말한다… 115
난 니 꼬봉 아냐 116
내 행복 117
만족감 118
고백 119

다짐	120
눈치 게임	121
기억해	122
반항	123
혼자만 다다다	124
변명	125
가슴에 사표 하나	126
같이 보자	127
속마음	128
안 궁금해	129
동행의 이유	130
결심	131
사랑해	132
행복한 꿈	133
비상! 비상!	134

왜 화가 나는 걸까…
너도 그러려나

1부

투닥투닥,
화난 마음

싸움이 뭉

우린 안 싸운 거니?
한 번도 안 싸운 거니?
니가 화를 내고
내가 가만히 있으면
그건 싸움이 아닌 거니?
난 골백번 더 싸웠는데
넌 나랑 싸운 게 없다면
그럼 난 누구랑 싸운 거니?

넌 말로 화를 내고,
난 몸으로 화를 낸다

화를 낸다
많은 안 좋은 말을 쏟아 놓는다
욕을 한다
헐뜯는다
화가 난다
머리로는 참았는데
내 몸은 화를 낸다
웃지도 않고
피하기만 한다

이상한 눈

내가 가끔 하는 실수가
넌 참 크게 보이는구나
내가 항상 하는 배려는
보질 못하면서…
참 이상한 눈을 가진 거니?
기억력이 나쁜 거니?

너 화났구나? 난 더 화났다, 어흥!

탓

니가 내 말을 듣지 않아서
결과가 안 좋았잖아
라고 하면
니 말을 들었다면
안 좋았을 일은 왜 말을 안 하니?
그런데
니가 피해본 것은 무엇이길래 그리 화를 내니?
그리고 왜 내가 니 말을 들어야 하니?
우리 회사 일인데…

니가 나니?

매번 틀린 대답만 갖고 오면서
매번 자기 말이 맞다고 말하니
넌 니 세계 외에
또 다른 세계가 있다는 걸 모르는구나?
내 세계는
너랑 너무 다른데
이걸 어떻게 증명한다?

너만 입이니?

아픈 날 끌고 다니면서
너 필요한 거 다 사고
너 먹고픈 거 다 먹고
이제
집에 가서
너 죽 먹어야지?
라고 생각해 주기는
넌 배가 부르단 거구나?

안 미안해

나도 사람이야
너도 사람이고
너도 아프면 나도 아프고
나도 아프면 너도 아프겠지
넌 니 아픔이 제일 크니까
나도 내 아픔이 제일 큰 거야
그래서 안 미안해

결과만 보고 얘기하지 마

왜? 왜? 왜?
과정은 없고 결과만 보는 건데?
내가 한 계획, 생각, 노력
그건 보지 못했으면서
결과만 보고 질책하는 건
누구나 할 수 있는 일이야
난 만족하고 더 열심히 할 건데
지금의 결과가 안 좋다고 생각하면
니가 좀 도와주지
망했다고 핀잔만 주지 말고

목소리 크면 장땡?

넌 왜 화나면 목소리가 커지니?
내가 안 들릴까 봐 그러니?
그런데
니가 목소리를 크게 하면
니 말이 더 안 들리는 거 모르지?
목소리 큰 사람이 이긴다는 말을
어디서 배운 거야?

컥!

가슴에 고구마 천 개
목에 고구마 백 개
그래서
난 목이 메어
얘기를 할 수가 없어

지적질

난 니가 다 잘했다고 했는데
넌 내가 다 잘못했대
난 너의 무엇을 본 것이고
넌 나의 무엇을 본 것일까?
잘한 것은 몇 퍼센트고
잘못한 것은 몇 퍼센트길래
난 너한테 잘했다고만 하고
넌 나한테 잘못했다고만 하지?

쌀라쌀라

벽창호
내가 무슨 말을 했는데
넌 어떤 말을 들은 거니?
같은 한국말인데
왜 이해를 못하지?

혼잣말

난 너랑 싸우기 싫은데
넌 나랑 싸우고 싶구나?
그러니까
내 말을
못 들은 척하지

너 화났구나? 난 더 화났다, 어흥!

누구야?

정말 다들 그렇게 산대?
이 지구상에 나 말고
다들 그렇게 산대?
아니 만 명이라도
그렇게 생각한대?
그중 천 명이라도
나랑 같은 상황 같은 현실에서
그렇게 느꼈대?
이상하네… 그들은
누가 거짓말을 하고 있는 것일까?
그런데 어떻게 이것을
똑같은 것이라고 판단했을까
자긴
난 그게 더 궁금하네

독설

남한테 말하면 안 되는 말도 있는 거야
나한테 하지 말아야 하는 말도 있는 거야
말이라고 다
입에서 나오면 안 되는 거라구
입에서 나오는 순간 독이 된다는 걸
모르는구나 넌

침묵

내가 말하지 못하는 건
너한테 상처 주기 싫어서야
그 상처는
너한테 갔다가
나한테 다시 돌아올 것이거든
지금 니 말처럼

생채기

시시콜콜 지난 일 다 끌어모아
날 그렇게 몰아붙이지 마
너
더 이상 나 안 보고 싶구나?
나한테 상처 내면
내가 다 기억하고 있을 거야
그래서
너 보면
반갑지 않을 거거든

멍

난 또 이렇게
멍들어 간다
넌 또 그렇게
내 멍을 추가한다
그게 사랑이니?

신경전

언제까지 화낼 거야?
결론은 있는 거야?
내가 화 풀어 줄 때까지?
그건 좀 곤란해
너 때문에 나도 화났는데
그럼 내 화는 누가 풀어주고?

너 화났구나? 난 더 화났다, 어훙!

얘기해줘?

참지 마?
나도?
너도 안 참을 거지?
그럼
우린
어떻게 되는 거지?

나도 화났어

화나니까 내 말이 안 들리지?
내 말을 안 들어 줘서
나도 화났어
그래서 나도 니 말이 안 들려
그런데 우린
대화를 하고 있는 거니?

너 화났구나? 난 더 화났다, 어흥!

넌 화만 내고
난 변명만 하고
그런데 넌
귀 닫고 화만 내서
내 변명이 화로 변했어
어흥~

악몽

오늘의 싸움이
내일의 안줏거리가 되어
모레의 싸움에
거름이 되겠구나
이를 어쩐다…

니 말을 들어?

내가 내 맘대로만 한다고 하는데
뭘 내 맘대로 했는데?
말해 봐
그걸 뺀 나머지가
다 니 맘대로 한 거야
지금까지 날 만난 후부터 쭉~
그런데
왜 내 맘대로 하면 안 되니?

가스라이팅

넌 혼자선 안 되는 애야
내 말 안 들어서 넌 망한 거야
별것도 아닌 일에
항상 기분 나쁘면 하는 얘기
상황은 다른데
하는 말은 매번 똑같다
근데 난 니가 왜 그러는 줄 알지
그 말밖엔 할 게 없는 거잖아?

너 화났구나? 난 더 화났다, 어훙!

최후의 말

저 깊숙이 마음에 있는 말은
마지막을 생각하고 해야 하는 거야
생각난다고 다 뱉는 게 아니라
뒷감당을 어찌하려고…

사실 이야기

청문회니?
"네", "아니요"로만
대답해야 하는 거야?
그 과정은 잊고
내가 한 말 한마디에 꽂혀서
단편적으로 얘기하면서
"이게 사실이잖아"라고 하면
참 할 말이 없네

무기수

지난번에…
지난번에…
지금의 얘기와
지난번의 얘기가 합쳐진다
그래서 내 죄가
눈덩이처럼 불어난다
그 지난번에도,
또 그 지난번에도
난 또 같은 말만 듣는구나
지난번에
지난번에
난 너한테 무기수가 된다

반사

니가 생각해 봐
예전에 니가 한 말이야
그 말을 했을 뿐인데
넌 지금 화가 나니?
이제
나도 느꼈던 그 기분을
너도 느낀 거네?
그럼 이걸 미안하다고 해야 하니
그때의 사과를 받는 게 먼저니?

너 화났구나? 난 더 화났다, 어흥!

투덜 투덜 투덜이

정치가 어쩌고
경제가 어쩌고
항상 투덜 투덜
그래서 난
항상 니 짜증만 듣게 된다

화의 소환

넌 화났다고
자꾸자꾸 똑같은 말을 하면서
화를 니 몸에 축적시키는구나
그냥 잊어도 될 것을
계속 소환하는 이유가 뭘까?

어쨌더라 저쨌더라

말을 해
니가 원하는 것을 정확히
다른 사람 말을 하지 말고
니 말을 해
난 니 말이 듣고 싶어
니가 원하는 게 뭐야?

아픔은 서로에게 닿을까…
나만큼 너도 아프니?

2부

서로의 상처,
아픈 마음

구멍

자기 맘에 안 들면
한숨 먼저 쉬고 말하지?
그럼
내 가슴에
그만큼 구멍이 뚫려
그래서
말이 안 나와

마음에 박힌 말

넌 고마운 게 참 많은 아이야
언제인지
무엇인지
자세히는 기억이 나지 않지만
고마운 게 참 많아
느낌이 그래
그런데 니가 화가 나서 한 그 한마디는
몇 년이 지나도 너무 생생하게 기억나서
가끔 니가 미워

너도 아프니?

울면…
내가 울면
너도 아프니?
아니면
너 아파서
내 눈물은 안 보이니?

뭐지도 모르는 바보

말 안 하면 모르고
말하면 바보 된다
이상하지?
말 안 하면 착한 애가 되고
말하면 못된 애가 된다
이상하지?
내 생각이 너랑 같지 않은 것이
뭐 그리 잘못인지
말 안 하면 내가 참는 것이고
말하면 내가 못 참는 것인데…
그걸 모르는 바보.

들어줄래?

내가 얘기하면
들어줄래?
귀로만 듣고 흘리지 말고
머리에 꼭 새겨서
다음에 물어보지 않도록
잘 들어줄래?

불만이 많아

난 말야
니가 행복했으면 좋겠어
그런데 말야
넌
나랑 있으면 안 행복하니?

위로

오늘만 슬프고
내일은 편하게 살자
내 마음아
내가 널 위로해 줄게
파이팅!

토닥토닥

나 쫌 기특하다
이렇게 잘 참고 있으니
쫌 기특하지?
이런 날
내가 응원한다

화병

밥은 먹었니?
난
자꾸 졸려
근데 또 자다가
자꾸 깨

시간이 갑

넌 화나면
목소리가 커지고 막말을 하지?
난 화나면
막말할까 봐 입을 다물어
그러다 더 화가 나면
넌 내 실패만 되뇌고
난 그만하자 얘기하지
며칠 후 왜 그런지 얘기할 때는
넌 왜 화를 안 내는지 모르겠어
똑같은 내용인데
시간이 마법을 부렸나 봐

시간이 필요해

나한테 열흘만 시간을 줘
그리고 다시 얘기하면
이해해 줄까?
내 마음을 알아줄 수 있겠니?

니 마음이 내 마음이야

이해를 못 하는 거니?
이해하고 싶지 않은 거니?
근데
나도
너랑 똑같다

의욕상실

뭔가 해야 하는데
별로 그럴 맘이 안 생긴다
왜일까?
밥을 안 먹어서
기운이 딸려서 그러나?
하도 욕을 먹어서
배가 불러야 하는데
왜 이러지?
그냥 잠만 자고 싶네

미안하네

삐졌구나?
나 땜에 삐졌구나?
내가 너 몰라봐서
나 땜에 삐졌구나?
그래서 그런 거 아닌데
뭘 그런 걸 갖고 삐지니?
근데…
니 마음이 많이 상했겠다
미안하네…

막말

니가 화나면
나도 화나
서로 화내고
막말하면
기분이 좋니?
그래서 지금
만족하니?

너 화났구나? 난 더 화났다, 어흥!

쫌생이

들고 싶은 말이 있지?
그래서 나한테 막 말하는 거지?
그런데
그런 니 말 듣고 있으면
그 말이 안 나오는 걸
어떡하니?

기대

자…이제
점을 쳐 볼까?
오늘
너의 날씨는 어때?

왜 화를 내지?

피…
웃기다 그지?
별거 아닌데
뭘 그리 화를 낼꼬?

숨바꼭질

니가 이 방 오면
난 저 방 가고
니가 저 방 가면
난 이 방 오고
언제까지 숨바꼭질할까?
그런데
술래가 누구지?
어떻게 찾아내는 거지?
그럼
벌칙은 뭘까?

넌 좋겠다

넌 한바탕
쏟아붓고 화가 풀렸구나
난 아무 말도 못 하고
며칠째 뚱해 있는데
내가 속이 좁은 거지?
그런 거지?

선택의 이유

남들이
백 개가 안 좋대도
내가
한 개가 좋으면 난 Good!
남들이
백 개가 좋대도
내가
한 개가 싫으면 난 No Good!
그 한 개에 대한 핑계를 찾아보자

내가 한 수 위다

평소처럼 말하고 행동해도
너는 알지?
너 때문에 내가
기분이 안 좋다는걸
너도 뻘쭘하겠다
화를 계속 내지 못해서

배고픈데

난 안방 차지하고
넌 거실 차지하니
TV도 볼 수 없고
배도 고프다
에잇, 잠이나 실컷 자자

잘난 척

책에서 어쩌고저쩌고
유튜브가 어쩌고저쩌고
학부에서 배운 거
사회에서 얼마나 써먹었길래
글로 배워 놓고
내 앞에서 잘난 척은
내 직장인데
니가 더 많이 아는구나

너란 적군

기분 좋을 땐
넌 든든한 내 아군
기분 나쁠 땐
넌 야비한 내 적군
그리고 난
너란 적군이 쳐들어오면
연민을 방패 삼아 또 막아낸다
멋지게

고문

앞머리를 짧게 잘랐다
시원하고 좋은데
거울을 보니
너무 못생겨졌다
뭐
어쩔 수 없네
니가 참고 봐 주는 수밖에
난 하루에 한 번
내 얼굴이 보이지만
넌 24시간 봐야 하니
미안하네

미스터리

이 세상엔
미스터리한 일이 참 많아
어떻게 수학으로
풀 수가 없어
그중
가장 이해되지 않는 건
너랑 나랑 만났다는 거야

대단하다

나랑 살기
참 쉽지 않았을 텐데
참 고생 많았다
너무 기특해
수고했어
고마워
모든 걸 다 갖춘 나랑
비교돼서
힘들었을 텐데
어떻게 살았대?

아픈데

나 아픈데
마음이 너무 아픈데
니가 나한테 호~ 해줄 수는 없니?
여기서, 저기서
각자 아프다고 말을 하면서
내 아픈 건 안 보이는구나
그런데
'너 아프니?' 하면
응 '나 아파'라고 말할 수 있나?
난 바보…

그런 거야?

웃으면 행복한 거야?
울면 불행한 거야?
허탈해서 웃는 건?
감동해서 우는 건?
모두 다 하나인 거야?

고민 중

고민이 많네…
참 고민이야
내가 먼저 사과를 해야 하나?
참 고민되는 일이네

상처의 흔적

오늘의 싸움이
내일 우리를 굳건히 해 줄까?
아니면 쪽박이 될까?
그것도 아니면
서로의 상처를 더 크게
가슴에 묻게 되겠지?

기억력 장애

내가 한 말이 맞니?
그런데
내가 했다는 말이
왜 내가 안 한 말로 돌아오지?
내가 정말
그렇게 얘기했었니?
이상하다…

미안해 한마디가

차라리
그냥 미안하다고 얘기하면
끝날 일을
왜 난 버티고 있는 것일까?
갖은 욕 다 먹으면서…
이렇게 버텨봐도
또 다음에
똑같이 들을 욕들인데…
왜 내 마음을 알아달라고
울부짖고 있는지
그냥 미안하다고 하면
지나갈 일을

니가 왜 그러는지…
이제는 조금 알 것 같아

3부

조금씩 이해,
참는 마음

좀 컸니?

해가 뜬다
오늘의 해가 뜬다
오늘은
내 말을 들어줄 준비가 되었니?
하루만큼
넌 성숙해졌니?
딱 하루만큼
성숙해졌으면 좋겠다
그럼 내년에는
너와 내가
대화가 되려나?

욱했네

내가 곰곰이 생각해 봤는데
난 이제까지 참아만 왔더라
그런데
내 몸은 못 참는다고 얘기하고 있더라
그래서 그랬어
어제의 내 행동

왈왈왈… 컹컹컹…

마음은 무엇이지?
생각인가?
생각은 무엇이지?
느낌인가?
느낌은 무엇이지?
…
내가 원하는 것과 니가 원하는 것
어디에서 어긋난 것일까?
분명 내가 사용하는 단어와
니가 사용하는 단어가
달라서일 거야 아마도
그러니 서로의 말이 들리질 않지
왈왈왈… 컹컹컹…

그걸로 된 걸까?

행복하니?
내가 불행한 만큼
넌 행복하니?
그럼 그걸로 된 것일까
나는?

찌찌뽕~

싸우자고?
왜?
니가 아프다고 얘기하는데
내가 모른 척해서 미안해
그런데
너도 나 모른 척하고 있잖아
우린 쌤쌤이야
찌찌뽕~

반성

참 웃기지?
마음으론 아는데
좋은 말이 안 나오네
나 참 나쁜 애다
미안해…

좋은 말

그냥 좋은 말로 하면
내가 못 알아먹는구나
그러니 화를 냈구나
그래서
니가 못 알아먹었었구나
내가
좋은 말로만 해서…

싫어? 싫어!

싫으면 싫다고 얘기해
괜히
심술부리지 말고
근데
넌
내가 싫다고 얘기하면
화낼 거지?

삐짐

니가 싫은 건 아닌데
이쁜 말이 잘 안 나와
왜냐고?
나
삐졌거든
그래서 너도
삐졌니?

후회

내가 잘못했지
내가 좀 더 참았어야 했는데
내가 판단을 잘못했네
그래서 화났구나?
미안해,
별일 아닌데
일을 크게 키웠군

분노

나중에 생각하면
별거 아닌데
지금은
이게 가장 커 보인다
왜 그럴까?

좀 더 참지

내가
그동안 참았던 것처럼
너도
그렇게 참았었구나?
고맙다
그런데
좀 더 참아보지 그랬니?
그럼 나도 더 참았을 것을
미안하게…

복수

다 핑계다
미안하다고 하기 싫어서
하는 말이야
너무 미안해서
내가 예전에 느낀 그 감정을
내 하나의 행동으로
니가 지금 느끼고 있다니
너무 미. 안. 하네.

못된 건 빨리 배운다

니가 기분 나쁘게 했던 것들
하나하나 모아 두었다가
시간이 지난 후에
너한테 돌려주는 난
널 닮아가고 있는 중이야

빼기와 더하기

니가 한 번씩
뭐라 할 때마다
너에 대한 내 배려는
하나씩 빠지고
니가 한 번씩
뭐라 할 때마다
널 닮은 내 말투는
하나씩 늘어간다

너 화났구나? 난 더 화났다, 어흥!

소소한 실수

나 있지
사실은
미안해
근데
그게
그렇게
화낼 일이야?

궁금증

넌 살이 그렇게 잘 빠지는데
너보다 못 먹은 난
왜 살이 안 빠지는 거야?
니가 맘고생이 더 많은 거야?
그래서 그런 거야?
(그럼 내가 잘못한 건가…?)

라디오니?

내가 하는 말은 듣지 않으면서
너는 뭘 그리 조잘조잘거리는 지
내 얘기는 코웃음거리고
넌 시시콜콜 옛이야기까지
내가 다 들어 줘야 하는구나…
넌 이해력이 부족하고
난 판단력이 부족했었네

잘못 인정

난 너 없이도 잘 하는데
넌 나 없인 안 하려고 하고
난 너랑 하기 싫은데
넌 그게 잘못되었다 하니
해준 게 백 개라도
안 해준 거 한 개로
난 죄인이 되었네
처음부터
해주지 말걸…
내가 참 잘못했다,
그지?

대장~ 내려와!

하지 마!
사지 마!
저거 해!
잘한 건 다 니 공이고
잘못한 건 다 내 탓이면서
맨날 대장질이니?
그런데 미안하게
니가 책임감 없는 대장이란 걸
난 이제 알아 버렸지

자아 상실

니 생각대로만 살면
우린 참 행복한데
가끔씩 내가 하고픈 게 생기면
잘 살다가 궁금해지네
내가 잘 살고 있는 걸까?

너의 배려

바쁜데 뭘
힘든데 뭘
아
니가 지금 가기가 싫구나?
니가 지금 하기가 싫구나?

서로 행복하기 위해…
이렇게 해주길 바란다

4부

다시 웃기, 함께하는 마음

니 맘대로 다 해

그래 다 좋아, 뭐
니 맘대로 다 해
그러니 지금부터
아무 말도 하지 말아 줄래?
항복 백기를 들었으니
더 이상 니 목소린
안 들어도 되지?

니 맘 알지

난 참 이쁘다
너도 그렇게 생각하지?
그래서 놓치기 싫은 거잖니?
맞지?

같이

별꿀이다
별꿀의 반쪽이다
내가 좋아하지 않으면
너 혼자 해야 하는 일도 있는 거야
'같이'는
니가 원하는 것을 내가 하는 게 아니라
내가 원하는 것을 니가 하는 거야
나도 이제부터
그게 내 '같이'야

어떻게 말한다…

어떻게 얘기하면 좋을까?
고민 중이다
니가 상처 안 받고
내가 상처 안 받는
그런 말…
그런 말이 있으면
넌
이해는 할 수 있을까?

난 니 꼬봉 아냐

난 너랑 평행선을 걷고 싶다
널 내 생각대로 하지 않고
날 니 생각대로 움직이지 않고
너도 나도 동등하게
다름을 인정하면서
난 너랑 나란히 걷고 싶다

내 행복

나랑 오래 행복하고 싶니?
그럼
내 말을 들어 줘
마음속에 묻어 있는 백만 가지 말을 하고 싶지만
또 핀잔 들을까 봐 아무말도 못 하고
웃고 있어도 마음은 울고 있는데
우는 마음을 들어줄 준비가 되면
그때 우린 행복하다고 얘기할 수 있어

만족감

나도 좋고
너도 좋아야
우리가 좋은 거지
너만 좋고
나는 싫으면
그게 뭐야?

너 화났구나? 난 더 화났다, 어홍!

고백

나
있잖아
너한테 할 말이 있어
넌 사실
…
똥 멍충이야

다짐

미안한데

난

이번만큼은

절대로

양보 못 해

안 그러면

또다시

되풀이될 거잖아?

너 화났구나? 난 더 화났다, 어흥!

눈치 게임

좋아
결정했어
니가 미안하다고 하면
나도 미안해
근데 누가 먼저 얘기하지?

기억해

내가 얘기하면
내가 무슨 말을 했는지
저녁에는 생각을 해 봐
지금 말고
10시간 후에
그런데
잘못된 기억이면 안 돼
꼭 정확히 기억해야 해
안 되면
녹음을 해 놓는 건 어때?

반항

내가 잘못해서
니가 삐진 거야?
그렇다면 미안한데…
근데
나 다음에도
그럴 것 같은데
어쩌지?

혼자만 다다다

소통은
니가 원하는 말을
나만 들어주는 게 아니라
내가 하는 말도
니가 들어주는 거야
그게 바로 소통이야
알겠지?

변명

거짓에도 변명은 있다
난 그런 변명 수백 개는 만들 수 있지
그러니 이제
항복하시지

가슴에 사표 하나

직장인은
상사에게 던지고
난
너에게 던질
사표 한 장을
가슴에 품고 산다

같이 보자

내가 드라마 보는데
자꾸 물어보지 말고
그냥 같이 보자
드라마에 관심이 없다면서
쟤는 누구야?
왜 저래?
컷 컷마다
왜 자꾸 물어보는데?
관심이 없다면서
내가 잘 보고 있는지
궁금한 거야?

속마음

그냥 이렇게
화나 있으면
니 잔소리 안 듣고
난 조용해서 참 좋다
그러니
화 풀지 마라

안 궁금해

넌 하나에서 열까지
모두 나한테 얘기하지만
난 그게
궁금하지가 않아
제발
니 맘대로 해
그러고 나도
내 맘대로 좀 하자
응?

동행의 이유

나 좀 멋있지 않아?
너보다 내가
더 이해를 많이 하니까
이렇게 있는 거잖아?

결심

나 이제 안 참고 싶다
화병 나 죽기 전에
이제 안 참고 싶다
그런데
넌 항상 그랬구나

사랑해

내가 가장 하기 어려운 말
너 아프게 하는 말
니가 가장 하기 어려운 말
사랑해

행복한 꿈

나 다시 태어나면
너랑 꼭 결혼할 거다
그땐 내가 남자 할게
그래서 너처럼 널 지켜줄게
그러니 걱정 마
그냥 내가 하자는 대로
하기만 하면 돼
지금의 나처럼

비상! 비상!

너의 기운이 점점 나빠지고 있는 것 같은데
어떻게 환기를 시키지?
어느 문을 활짝 열어야 할까?
애교?
여행?
선물?
맛집?
빨리 결정해야 하는데
조금만 늦으면 터져 버리는데…
비상 회로야 빨리 움직여!